나라를 위해 헌신한 사람들

안중근

김양순 글 · 안병원 그림

1879년 9월 2일, 황해도 해주에서 한 아기가 태어났어요.
아기는 태어날 때부터 가슴에 일곱 개의 까만 점이 박혀 있어,
보는 사람마다 신기하게 여겼지요. 그래서 이름도
'응칠'이라 지었답니다.
응칠은 할아버지와 아버지의 귀여움을 독차지했어요.
"이 애는 틀림없이 하늘이 내려 준 아이오!"
"몸이 매우 튼튼하고 목소리가 우렁찬 걸 보면 앞으로 분명
나라의 큰 인물이 될 거야."
가족들은 응칠을 보며 큰 기대를 걸었어요. 응칠은 네 살 때부터
글자를 익히기 시작했는데, 글 읽는 소리가 동구 밖 멀리까지
들렸답니다.

그런데 부모님은 한 가지 걱정거리가 있었어요.
응칠의 성격이 매우 급했던 거예요.
어떤 일에나 굽히지 않았고 고집도 세었지요.
어느 날, 응칠의 할아버지가 아버지를 불렀어요.
"이름을 한번 바꾸어 보세.
이름 바꾼다고 급한 성격이 고쳐질 리
없겠지만, 이름은 그 사람의 거울이야."

그래서 응칠의 이름은 '중근'으로 바뀌었답니다.
 '중근'은 급한 성격을 가라앉혀서 뿌리를 내리고 무겁게 행동하라는 뜻으로 지어진 이름이에요.
 "안중근, 안중근!"
아버지도 중근이라는 이름이 몹시 마음에 들었어요.

어느덧 중근은 서당에 들어갈 나이가 되었어요.
처음에 중근은 글공부를 열심히 하는 듯했지요.
그러나 시간이 갈수록 글 읽는 것을 게을리했어요.
이를 걱정스럽게 여긴 훈장님이 어느 날,
중근의 집에 찾아와 아버지에게 말했어요.
"중근이가 머리도 좋고 재주도 뛰어나지만,

조금 문제가 있어 보입니다. 글 읽는 것보다 말타기나 활쏘기에 더 힘을 쓰는 것 같습니다."
"그건 바라던 바이오. 요즘처럼 어지러운 세상에 방 안에 들어앉아 글만 읽는대서야 무엇에 쓰겠소?"
아버지는 오히려 그런 중근을 대견하게 여겼답니다.

중근은 점점 커 갈수록 사냥꾼들을 따라다니며
사냥하는 일에만 매달렸어요.
어느 날, 보다못한 아버지가 중근을 불렀어요.
"네가 사냥하며 씩씩하게 지내는 것은 좋다.
그러나 정말 사냥꾼이 되려고 공부하지 않는 것이냐?"
"언젠가 아버지께서 말씀하시지 않으셨습니까?
세계의 힘센 나라들이 우리 나라를 집어삼키려 하고 있다고요.
이렇게 말타기와 활쏘기를 갖추어 놓으면 언젠가는
분명 써먹을 때가 올 것입니다."
중근의 눈이 이글이글 불타올랐어요.
결국 아버지는 중근의 뜻을 꺾을 수 없었답니다.

어느 이른 봄날, 중근은 친구들과 산에 올라갔어요.
한참을 올라가다가 중근이 절벽 앞에서 소리쳤어요.
"저것 봐라, 저것이 폭포라는 거다!"
중근이 가리킨 곳에는 하얀 물 무더기가 떨어지고 있었어요.

그런데 잠시 후, 중근이 몇 걸음 앞에 있는 산수유꽃을
꺾으려다가 그만 곤두박질치며 아래로 떨어지고 말았어요.
다행히도 중근은 벼랑 중간에서 나뭇가지를 붙잡았어요.
"중근아, 괜찮니? 어디 다친 데는 없니?"
"응, 괜찮아. 그런데 저 폭포가 멋있게 더 잘 보이는걸?"
중근은 친구들이 내려 준 허리띠를 붙잡고
조심스럽게 올라왔어요.
그 때 중근은 열네 살이었는데,
매우 침착했지요.

1894년 추운 겨울, 아버지 앞으로 한 통의 편지가 왔어요.
'이제 동학군*이 그리로 갈 것이니, 쳐부수어 주시오.'
아버지는 서둘러 총과 탄약을 준비하고 사람들을 모았어요.
열여섯 살의 중근은 이 때가 바로 기회라고 생각했어요.
"아버지, 저도 이 싸움에 꼭 나가고 싶습니다."
"안 된다. 넌 아직 어려."
하지만 중근의 굳은 결심은 아버지의 마음을 돌려놓았어요.
동학군이 쳐들어오자, 중근은 사람들을 지휘하며 앞장서서
싸웠어요.
중근은 깊은 밤을 틈타 잠에 빠진 동학군을 습격했어요.
놀란 동학군은 무기와 식량을 그대로 두고 도망쳤답니다.
이 싸움에서 이기자, 안중근은 큰 자신감을 얻었어요.

*동학군 : 전봉준이 만든 농민 군대예요.

그 뒤, 동학군에게 식량을 대 준 사람이 중근의 아버지를 찾아왔어요.
"동학군에게 빼앗은 쌀을 모두 돌려주시오!"
"이미 가난한 백성들에게 나누어 주었소!"
식량을 돌려받지 못하자, 그 사람은 임금님에게 글을 올렸어요.
'훔쳐 간 내 쌀로 군사를 키워 곧 한성으로 쳐들어갈 것이옵니다.'
그 사람의 거짓 글 때문에 중근의 아버지는 어려움에 처해 재판까지
받게 되었답니다.
그런데도 판결이 나지 않자, 중근의 가족은 프랑스 인들의
천주교당으로 들어가 숨어 지냈어요.
이 때, 중근의 가족들은 모두 카톨릭 신자가 되었지요.
중근은 신부에게서 서양의 과학을 배우기도 했답니다.

그 무렵, 우리 나라는 힘이 없어 일본의 간섭을 받았어요.
더군다나 일본은 한밤중에 우리 나라 왕비인 명성 황후를
칼로 찔러 죽이는 끔찍한 일을 저질렀답니다.
이 소식을 전해 들은 안중근의 가슴 속에는
일본에 대한 미움이 활활 불타올랐어요.
안중근은 중국 상하이로 가서 한 신부를 만났어요.
"일본 때문에 도저히 살기가 힘이 들어요. 그래서 가족들과
외국으로 나와 살까 합니다."
"빨리 돌아가시오. 돌아가면 할 일이 있을 것이오. 모두 들고
일어서면 분명 나라를 되찾을 것이오."
이 말을 듣고 안중근은 다시 우리 나라로
돌아가기로 결심했어요.
'그래, 나라를 구하자!.'

안중근은 진남포에 양옥집을 빌려 삼흥 학교를 세웠어요.
그러자 배우고자 하는 학생들이 떼를 지어 몰려들었지요.
안중근은 우리 나라의 앞날을 씩씩한 이 학생들에게 걸고자
결심하고 글을 가르치는 데 몰두했어요.
그러던 어느 날, 한 노인이 안중근을 찾아왔어요.
"지금 외국에서는 우리의 군대를 키우고 있소. 당신이 그 곳에
가면 반드시 큰 일을 해낼 것이오!"
이 말을 듣고 안중근은 크게 감동했어요.
"작은 힘이나마 제 몸을 바치겠습니다!"
안중근은 함께 일하던 친구들에게 학교를 맡기고 나라를
되찾기 위한 힘든 길을 떠났답니다.

안중근은 블라디보스토크로 가서 의병*을 모았어요.
"우리 모두 힘을 합쳐 일본군을 쳐부수고 나라를 되찾읍시다!"
그러던 어느 날, 안중근은 우리 나라 사람의 집에서 총 한 자루를 보게 되었어요.
"이 총 좀 보아도 되겠소?"
"그렇게 하십시오."
안중근은 부러운 마음으로 총을 이리저리 살펴보았어요.
"그 총이 그렇게 좋아 보이오? 저 도끼를 200걸음 밖에서 쏘아 맞히면 그 총을 주겠소!"
안중근은 곧바로 총알을 재어 세워 둔 도끼를 한 방에 쏘아맞혔어요. 그 뒤, 안중근은 늘 그 총을 갖고 다니면 큰 일이 있을 때마다 아주 중요하게 썼답니다.

*의병 : 옳은 일을 하려고 모인 사람들이 스스로 만든 군대예요.

1908년 7월, 안중근은 의병들을 거느리고 두만강을 건너면서 일본군 네 명을 총으로 쏘아 죽였어요. 이 때문에 안중근은 일본군의 공격을 당했답니다. 안중근과 의병들은 온 힘을 다해 싸웠지만, 일본군의 수가 너무 많아 어쩔 수 없이 숲으로 피했어요.
'이렇게 한 번 패했다고 주저앉는다면 조국의 독립은 영원히 이룰 수 없을 것이다!'
안중근은 눈물을 흘리며 새로이 결심을 다졌어요. 그 뒤로도 안중근은 끈질긴 작전을 펼쳤지만, 일본군 대부대를 쳐부수기에는 의병들의 힘이 부족했어요. 안중근은 죽을 고비를 몇 차례 겪으면서 다시 블라디보스토크로 돌아왔답니다.

1909년 새해가 밝았어요. 안중근은 11명의 동지들이 모인 자리에서 말문을 열었어요.
"오직 우리의 목표는 조국의 독립에 있습니다. 우리, 이 뜻이 변치 않도록 피로써 맹세합시다!"
"좋습니다. 이 태극기에 피로써 맹세합시다!"
안중근은 칼로 손가락끝을 베어 그 피로 태극기에 '대한 독립'이라는 글자를 크게 썼어요. 그러자 함께 모인 사람들도 피가 흐르는 손가락으로 태극기에 각자 자기 이름을 썼답니다. 그리고 나서 모두들 힘차게 외쳤어요.
"대한 독립 만세!"
그 해 10월, 안중근은 신문에서 일본의 이토 히로부미*가 만주 하얼빈에 온다는 기사를 읽게 되었어요. 순간 안중근의 두 눈이 번쩍 빛났어요.

*이토 히로부미 : 우리 나라를 빼앗는 데 큰 역할을 한 일본의 정치가예요.

그 날 밤, 안중근은 좀처럼 잠을 이룰 수가 없었어요.
 '마침내 기회가 왔다. 이제 그 늙은 도적도 내 손에 끝장이 나는구나.'
다음 날, 안중근은 긴 외투를 입고 권총을 호주머니에 넣은 다음 하얼빈으로 출발했어요.

이윽고 안중근은 만주 하얼빈 역에 도착했어요.
드디어 이토 히로부미가 기차에서 내리고 군악대가 연주를 했어요.
그 순간, 안중근의 마음은 불같이 뜨거워졌어요.
'오냐, 이토 히로부미! 오늘 내가 너를 꼭 죽여 주마!'
안중근은 이토 히로부미를 감싸고 있는 군인들의 뒤를 가만가만 따르며 적당한 때를 기다렸어요.
이토 히로부미는 러시아 관리와 악수를 나누고 천천히 걸어오고 있었어요.

마침내 안중근은 주머니에서 권총을 뽑아 들었어요.
"탕! 탕! 탕!"
하얼빈 역을 뒤흔드는 총 소리가 울렸어요.
총알은 이토 히로부미의 가슴에 정확히 맞았지요.
이토 히로부미는 그 자리에 쓰러져 죽고 말았어요.
"대한 독립 만세!"
안중근은 가슴에서 태극기를 꺼내 들고 외쳤어요.

러시아 군인들이 달려와 안중근을 붙잡았어요.
이 때가 1909년 10월 26일, 오전 9시 30분쯤이었지요. 이 날 안중근은 서른두 살의 젊음을 조국에 바쳤어요.
이 사건은 나라 잃은 우리 민족의 가슴에 뜨거운 애국심을 심어 주었지요. 이리하여 안중근은 우리 민족 역사에 그 이름을 영원히 아로새기게 되었답니다.

안중근의 발자취

(1879 ~ 1910년)

1879년   황해도 해주에서 태어남
1885년   신천군 두라면 청계동으로 이사함
1894년   김아려와 결혼, 가짜 동학군을 토벌함
1906년   진남포에 삼흥 학교를 세우고 교육에 힘씀
1908년   블라디보스토크에서 의병 부대를 조직하여 일본군을 물리침
1909년   만주 하얼빈 역에서 이토 히로부미를 살해함
1910년   뤼순 감옥에서 사형당함
1962년   대한 민국 건국 훈장 중장이 내려짐

▲ 순국 직전의 안중근 의사

▲ 이토 히로부미를 저격하는 안중근 의사 (민족 기록화)

▲ 안중근 의사가 순국 이틀 전에 면회 온 정근, 공근 두 아우와 홍석구 신부에게 유언하는 모습

▲ 안중근 의사의 아버지

▲ 안중근 의사의 어머니

나라를 위해 헌신한 사람들
안중근

우리 나라의 외교권을 빼앗기 위해 강제로 맺은 '을사 조약'

블라디보스토크를 중심으로 독립 운동을 하던 안중근은 하얼빈 역에서 이토 히로부미를 죽이게 됩니다. 이토록 중대한 결심을 하게 된 계기는 '을사 조약' 때문이었어요. '을사 조약'은 1905년 일본이 우리 나라의 외교권을 빼앗기 위하여 강제로 맺은 조약으로, '을사 보호 조약', '제2차 한일 협약', '을사5조약'이라고도 하지요.

이 조약으로 인해 외국에 있던 우리 나라 외교 기관은 전부 폐지되었답니다. 또한 일본은 1906년 서울에 통감부를 설치하고 초대 통감으로 조약을 맺도록 한 이토 히로부미가 취임했어요. 이에 장지연은 11월 20일자 〈황성 신문〉에 '시일야방성대곡'이라는 글을 실었어요. 장지연은 이 글에서 일제 침략의 원흉인 이토 히로부미를 비난하고 '을사 조약'을 찬성한 우리 나라 관료들을 매국노로 인정했어요. 또한 고종 황제가 '을사 조약'을 승인하지 않았으므로 이 조약이 무효임을 전 국민에게 알렸답니다.